ERSTLESER

Ozeane

Ravensburger

Konzept und Text: Carola von Kessel
Illustration: Ruby Warnecke

Fachliche Beratung: Dr. Timo Moritz, Deutsches Meeresmuseum, Stralsund

Layout: Katrin Kleinschrot und Marion Köster
Satz: Katrin Kleinschrot

2 4 6 5 3

Postfach 2460 • D-88194 Ravensburg

Printed in Germany

ISBN 978-3-473-60026-7

ravensburger.com
www.wiesoweshalbwarum.com

MIX
Papier | Fördert gute Waldnutzung
FSC® C111262

Inhalt

Was sind Ozeane und Meere?

Mehr als zwei Drittel der Erde
sind von Wasser bedeckt.
Die riesigen Gewässer
rund um das Festland
bezeichnet man als Ozeane.
Sie heißen Pazifischer Ozean,
Atlantischer Ozean,
Indischer Ozean,
Antarktischer Ozean
und Arktischer Ozean.

Einzelne Bereiche der Ozeane
nennen wir auch
Meere oder Seen.
Meere wie die Nordsee
tragen weibliche Namen.
Dagegen haben Seen
im Landesinneren wie der Bodensee
männliche Namen.
Die Ozeane und Meere zählen
zu den spannendsten Orten
auf der Erde.

Warum gibt es so viel Wasser auf der Erde?

Die Erde war nach ihrer Entstehung
von dichtem Wasserdampf umhüllt.
Heiße Wolken stiegen
aus Vulkanen auf.
Eisbrocken aus dem All
schmolzen und verdunsteten.
Nach und nach kühlten die Dämpfe ab
und wurden zu flüssigem Wasser.
So entstanden allmählich die Ozeane.

Das Wasser trägt Salz von den Felsen ab.

Weshalb ist Meerwasser salzig?

Mit der Asche von Vulkanen gelangten schon vor langer Zeit salzige Teilchen in die Ozeane. Auch von Felsen an den Küsten wird ständig Salz ins Meer gespült. Heute enthält das Meerwasser so viel Salz, dass es sich nicht zum Trinken eignet. Wir bezeichnen es auch als Salzwasser.

Wie sahen die Ozeane früher aus?

Unter dem Festland und den Ozeanen
besteht die Erdkruste
aus mehreren Platten.
Sie sind riesengroß und
bewegen sich ständig und ganz langsam.
Dadurch verändern sich auch
die Landflächen und die Meere.
Früher gab es auf der Erde
nur einen einzigen Kontinent.
Später entstanden nach und nach
die heutigen Kontinente und Ozeane.

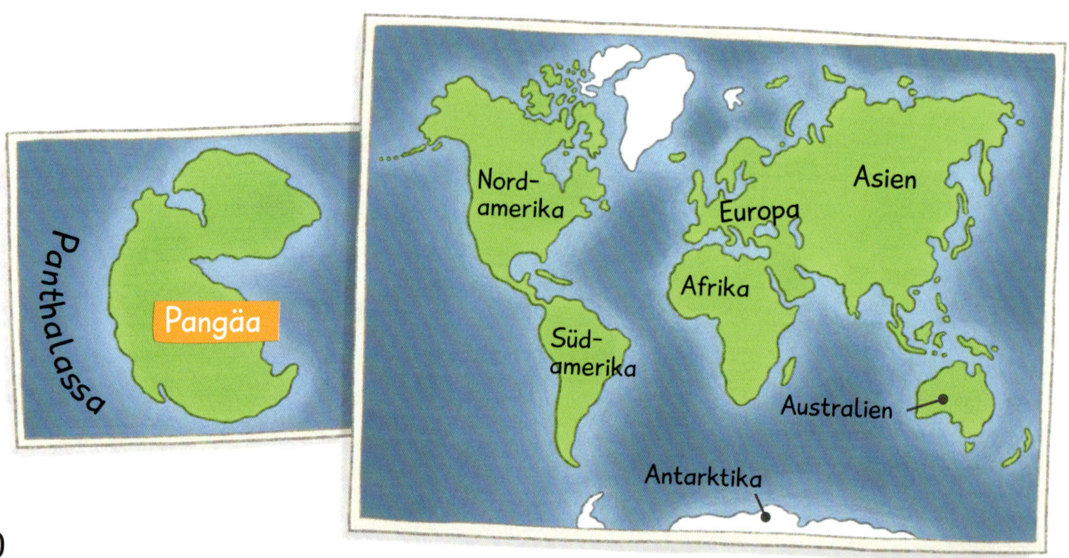

Wie formen die Meere das Land?

Bis heute ändern sich
die Grenzen zwischen
Wasser und Land.
Wenn Eisflächen an Land schmelzen,
fließt das Wasser in die Ozeane.
Dadurch dehnen sich
die Meere aus und überspülen
flache Strände und Inseln.
Oft tragen die Ozeane auch
Teile der Küstenfelsen ab.

An der Küste dehnt sich das Meer manchmal aus.

Wie entstehen Wellen?

Wenn der Wind
über die Ozeane streicht,
bilden sich Wellen.
Auf dem offenen Meer
sind sie oft flach und lang.
An der Küste werden sie
kürzer und höher,
bis sie schließlich umkippen.
Man sagt dann:
Die Wellen brechen.

Die Wellen brechen,
weil der Strand
sie bremst.

Was ist ein Tsunami?

Tsunamis sind riesige Wellen.
Sie entstehen durch Erdbeben
oder Ausbrüche von Vulkanen
unter Wasser.
Oft dehnen sie sich
über Hunderte von Kilometern aus.
An der Küste werden sie gebremst
und türmen sich haushoch auf.
Tsunamis können
großes Unheil anrichten.

Was sind Ebbe und Flut?

An manchen Küsten dehnt sich das Meer abwechselnd aus und zieht sich wieder zurück. An flachen Stränden strömt es bei Flut weit ins Land hinein. Bei Ebbe sind die gleichen Strände nicht von Wasser bedeckt. Flut und Ebbe bezeichnet man auch als Gezeiten. Sie entstehen durch die Anziehungskraft des Mondes und die Drehung der Erde um sich selbst.

Wie entsteht eine Sturmflut?

Wenn während der Flut
ein starker Sturm
in Richtung Land weht,
kann es zu einer Sturmflut kommen.
Dann strömen gewaltige Wassermassen
ins Land und reißen alles mit.
Zum Schutz gibt es
an vielen Küsten Deiche.
Diese Hügel halten das Wasser auf.

Schafe treten den Boden fest,
sodass der Deich gut hält.

Leserätsel

1 In dem Gitter stecken sechs Begriffe rund um die Ozeane. Kreise sie ein.

W	K	W	I	K	W	K	U	G
S	T	S	R	P	T	O	L	E
A	G	K	W	S	B	Z	B	Z
L	E	A	B	T	V	E	L	E
Z	R	T	S	U	N	A	M	I
W	X	S	L	R	T	N	L	T
A	I	O	S	M	U	S	K	E
S	P	T	U	F	D	L	P	N
S	E	H	B	L	Y	U	S	F
E	B	B	E	U	E	P	E	P
R	T	N	S	T	B	A	V	M

2 Welches Wort gehört zu welchem Bild?
Ordne zuerst die Buchstaben.

leWle

ihcDe

darSnt

slenI

esFl

Warum sind Ozeane so geheimnisvoll?

Der Meeresgrund ist eine
vielfältige Landschaft unter Wasser.
Dort gibt es Ebenen, tiefe Gräben,
Vulkane und Gebirgsketten.
Vor den Küsten liegt der Schelf.
So nennt man
die Ränder der Kontinente,
die von den Ozeanen bedeckt sind.
Unter Wasser fällt das Land
immer steiler ab und
endet am Kontinentalfuß.

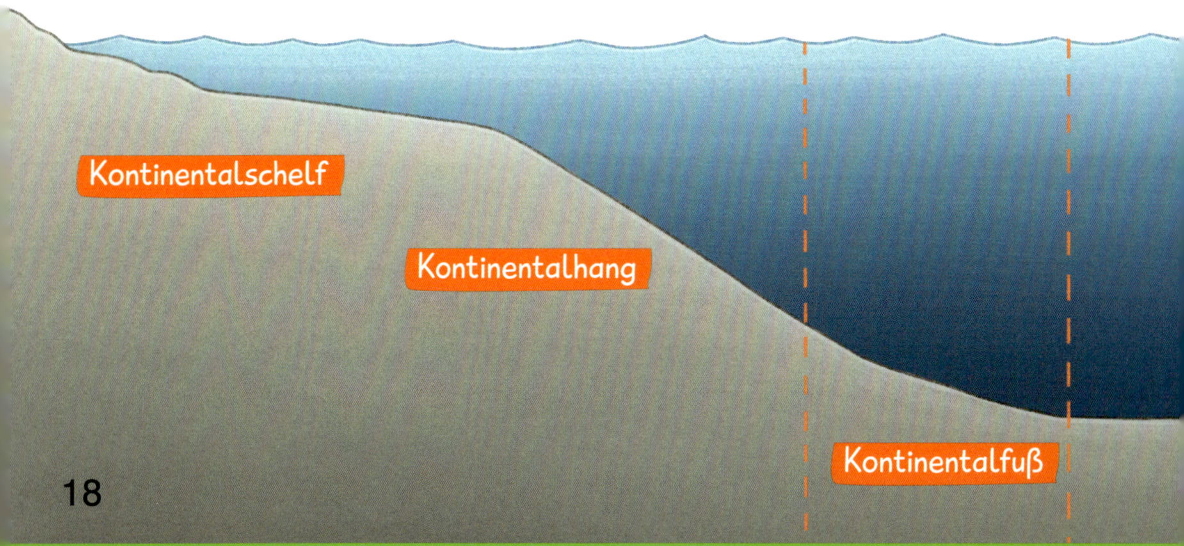

Ab hier ist der Ozeanboden
mit Schlamm bedeckt.
Dort wimmelt es von Lebewesen
wie Würmern, Schnecken und Muscheln.
Doch die tiefsten Bereiche
der Ozeane sind
längst nicht ganz erforscht.
Wer weiß, welche Geheimnisse
sich dort noch verbergen?

Am Meeresgrund
gibt es Berge, Täler
und heiße Quellen,
die man Raucher nennt.

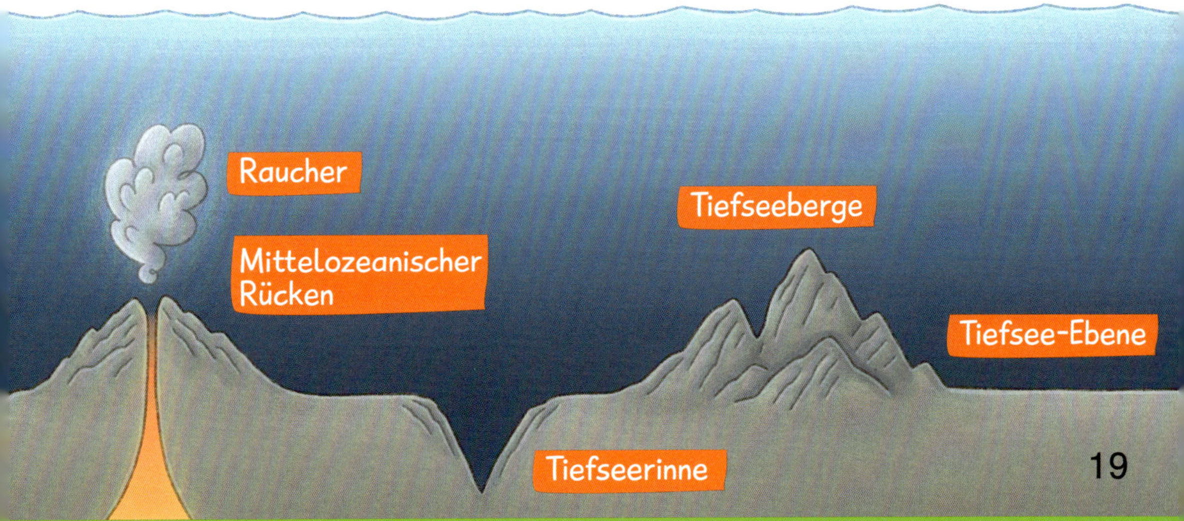

Wie tief sind die Ozeane?

Die oberste Schicht der Ozeane bezeichnet man als Lichtzone. In diesen Bereich fällt helles Sonnenlicht. Darunter folgt die Dämmerlichtzone mit ganz wenig bläulichem Licht. Völlig finster ist es noch tiefer in der Dunkelzone. Sie ist der größte Lebensraum der Erde. Die tiefste Stelle der Ozeane liegt etwa elf Kilometer unter der Oberfläche.

Nur in der Lichtzone können Algen wachsen.

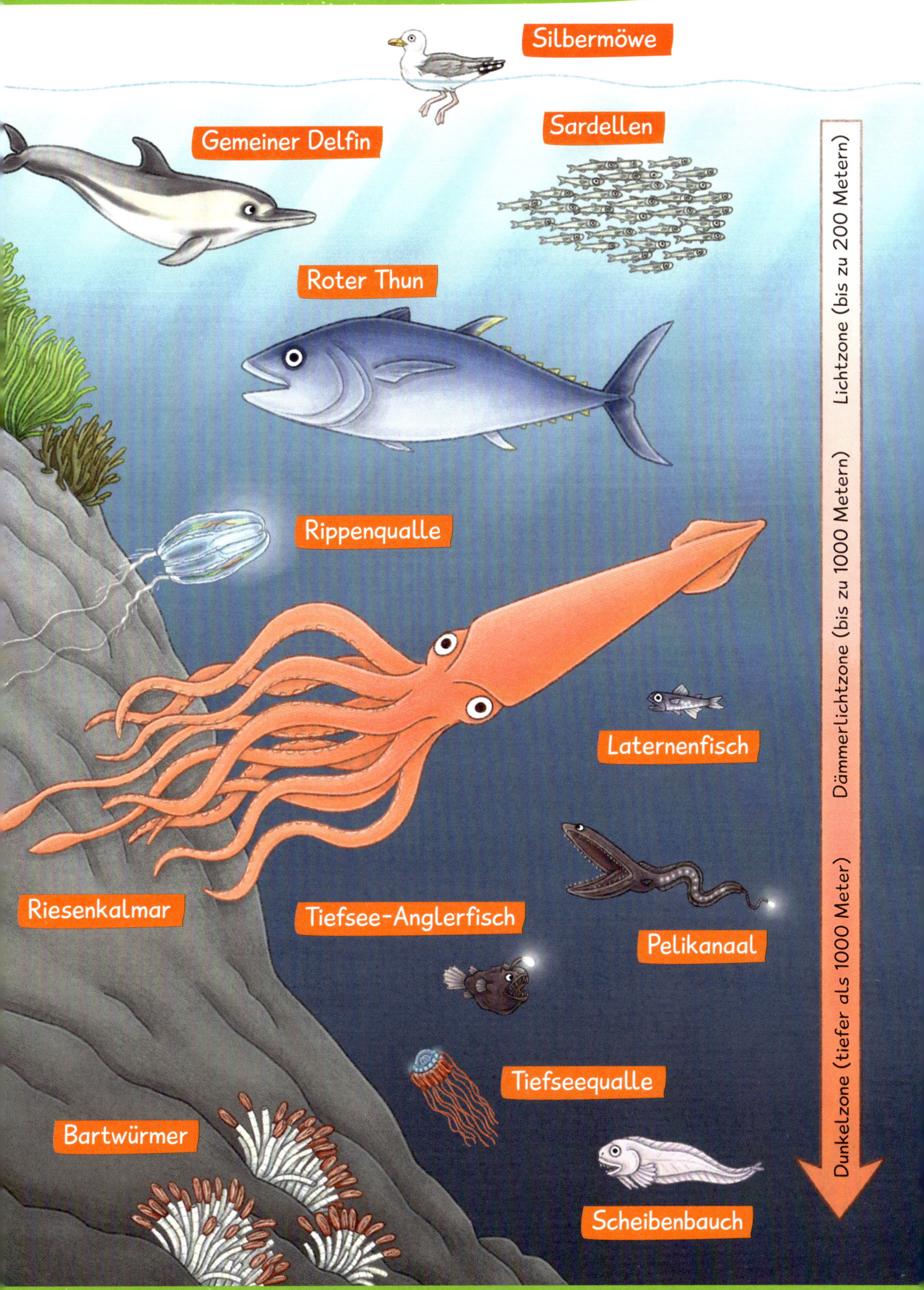
Silbermöwe
Gemeiner Delfin
Sardellen
Roter Thun
Rippenqualle
Laternenfisch
Riesenkalmar
Tiefsee-Anglerfisch
Pelikanaal
Tiefseequalle
Bartwürmer
Scheibenbauch
Lichtzone (bis zu 200 Metern)
Dämmerlichtzone (bis zu 1000 Metern)
Dunkelzone (tiefer als 1000 Meter)

Womit erforschen wir die Ozeane?

Forschungs-Taucher nehmen die oberen Schichten der Ozeane unter die Lupe.
Sie untersuchen zum Beispiel den Meeresboden und beobachten Pflanzen und Tiere.
In tiefere Bereiche können Menschen nur mit Tauchbooten vordringen.

Oft schicken die Forscherinnen
und Forscher auch
unbemannte Geräte in die Tiefe.
Sogenannte Lander
führen Messungen
auf dem Meeresboden durch.
Sie sammeln Proben ein und
nehmen Fotos und Videos auf.
Manche Tauchroboter
können auch länger
in der Tiefe bleiben.
Sie erfassen Daten wie
Tiefe, Temperatur und
Zusammensetzung
des Wassers.

Lander

Tauchboot

Mit Tauchbooten erreichen Forscherinnen und Forscher auch die tiefsten Stellen.

Auf dem Meeresgrund liegen zahllose Wracks von Schiffen.

Sonargerät

Wie findet man gesunkene Schiffe?

Die Reste gesunkener Schiffe gehören zu den spannendsten Geheimnissen der Ozeane.
Bei der Suche setzt man unter anderem Sonargeräte ein.
Sie senden Schallwellen aus, die von Gegenständen zurückgeworfen werden.
Das Echo verrät den Forschern und Forscherinnen, wo sich ein Wrack befindet.

Wie fahren Schiffe durchs Eis?

Die Gegend um die Pole
ist besonders schwierig zu erforschen.
Dort ist das Meerwasser
zu dickem Eis gefroren.
Für diese Gebiete braucht man
besondere Schiffe.
Sogenannte Eisbrecher sind
mit Stahlplatten verstärkt.
Sie können das Eis zur Seite schieben
oder sogar durchbrechen.

Die Besatzung der „Polarstern" erforscht die Polarmeere.

Leserätsel

1 Der kleine Delfin möchte auftauchen.
Verbinde die Buchstaben
auf seinem Weg nach oben
und schreibe das Lösungswort
unten auf.

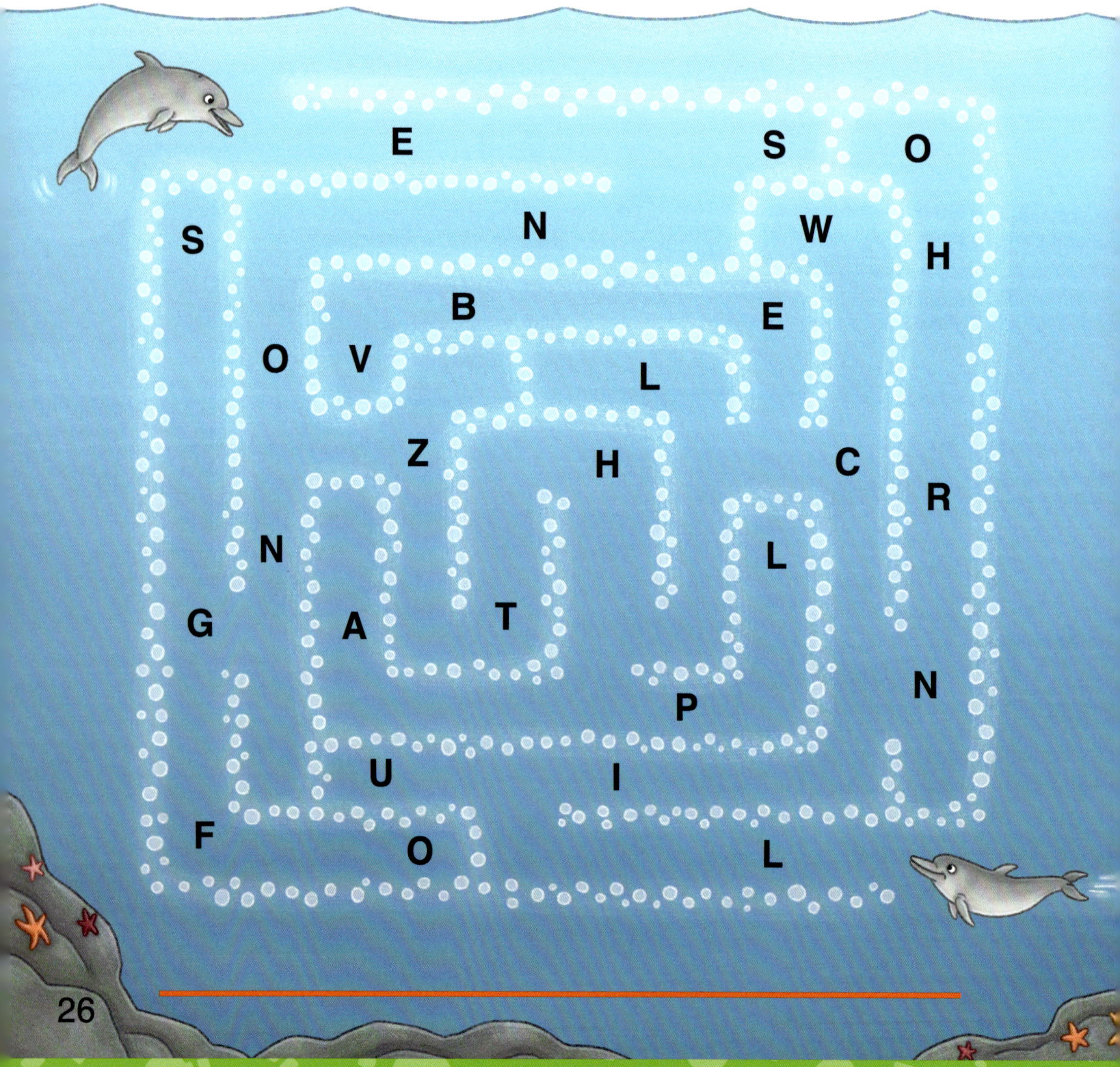

2 Fülle die Gitter mit Silben.
Pro Zeile, Spalte und
buntem Rechteck darf jede Silbe
nur einmal vorkommen.
Schreibe die Wörter unter die Gitter.

		MEE	
	RES		
FOR			SCHER

SO			GE
	NAR		
			RÄT

Wer lebt in den Ozeanen?

In den Ozeanen sind viele verschiedene Tiere zu Hause.
Wie alle Lebewesen brauchen auch Meerestiere Sauerstoff zum Leben.
Säugetiere wie die Wale tauchen zum Atmen auf.
Fische nehmen den Sauerstoff dagegen mit ihren Kiemen aus dem Wasser auf.

Wer frisst was im Meer?

In der oberen Wasserschicht
wachsen winzige Pflanzen.
Sie dienen Tieren
wie Muscheln und
kleinen Krebsen als Nahrung.
Von Muscheln und Krebsen
ernähren sich wiederum
Kraken und Fische.
Und auch sie werden gefressen,
zum Beispiel von Robben und Haien.

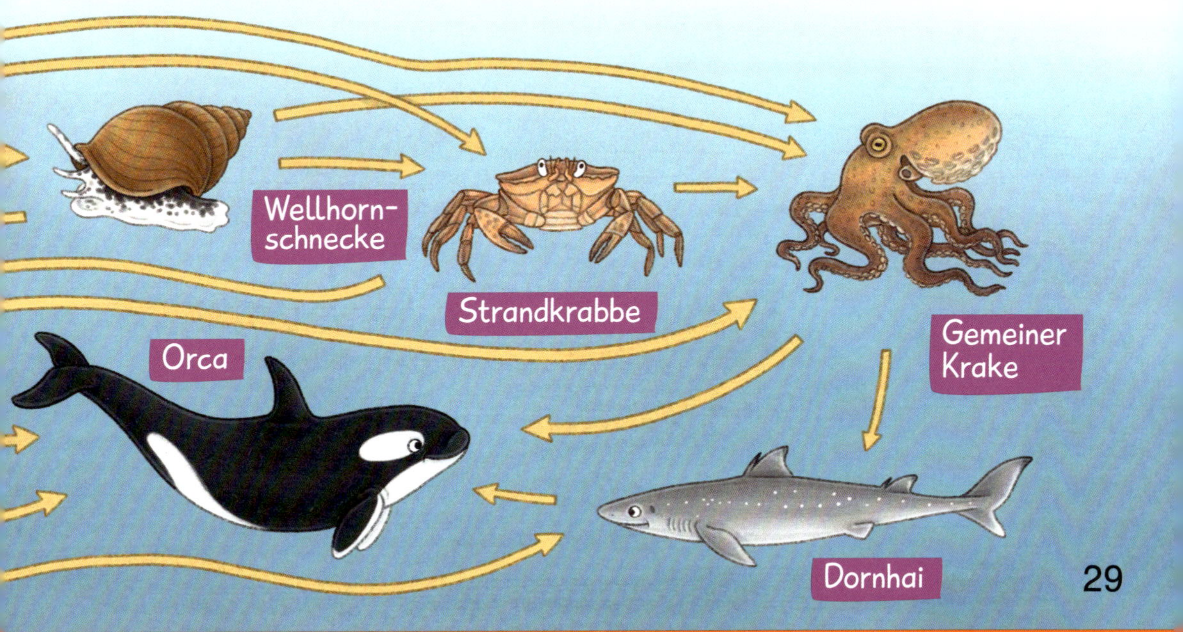

Wie jagen Meerestiere?

Die meisten Meerestiere
fressen andere Tiere.
Sie fangen ihre Beute
auf ganz unterschiedliche Weise.

Tintenfische schleudern blitzschnell ihre Fangarme heraus und schnappen ihre Beute.

Quallen lähmen Krebse und Fische mit Gift an ihren Nesselfäden. Dann fressen sie die wehrlosen Tiere.

Krebse knacken mit ihren Scheren die Schalen von Muscheln und Schnecken.

Viele Seevögel tauchen aus der Luft ins Wasser ein und schnappen sich Fische.

Delfine jagen in Gruppen.
Sie schrecken zum Beispiel Fische auf, indem sie Schlamm aufwirbeln.
Sobald ein Fisch aus dem Wasser springt, wird er gefressen.

Womit schützen sich die Tiere?

Die Tiere im Meer schützen sich mit verschiedenen Tricks vor Feinden.
Fische bilden oft große Schwärme, die sich schnell bewegen.
Nur sehr geschickte Angreifer erwischen in der glitzernden Masse einzelne Fische.
Kraken passen ihre Farbe an die Umgebung an.

Muscheln schützen sich, indem sie ihre Schalen schließen.

Kraken können ihre Farbe so ändern, dass sie fast unsichtbar sind.

Meereswürmer verschwinden in selbst gebauten Röhren.

Der Fetzenfisch sieht fast wie eine Alge aus.

Muscheln schließen
ihre festen Schalen.
Meereswürmer ziehen sich bei
Gefahr in den Boden zurück.
Andere Meerestiere tarnen sich.
So kann man zum Beispiel
den Fetzenfisch
zwischen Algen
kaum erkennen.

Wie vermehren sich Meerestiere?

Weibliche Fische legen ihre Eier
meist im Meer, auf Steinen
oder auf Pflanzen ab.
Aus den Eiern schlüpft später
der Nachwuchs.
Manche Hai-Arten bringen stattdessen
weit entwickelte Jungtiere
auf die Welt.

Meeresschildkröten legen ihre Eier am Strand ab.

Bei den Seepferdchen tragen die Männchen die Jungen aus.

Die meisten Tierkinder im Meer müssen gleich nach der Geburt allein zurechtkommen.
Nur wenige Mütter wie Wale und Seekühe kümmern sich um ihre Jungen.

Säugetiere wie die Blauwale bekommen lebende Babys, die man Kälber nennt.

Aus den Eiern der Quallen entwickeln sich Larven.
Sie werden am Meeresboden zu Polypen.
Jeder Polyp kann immer wieder Babyquallen bilden.

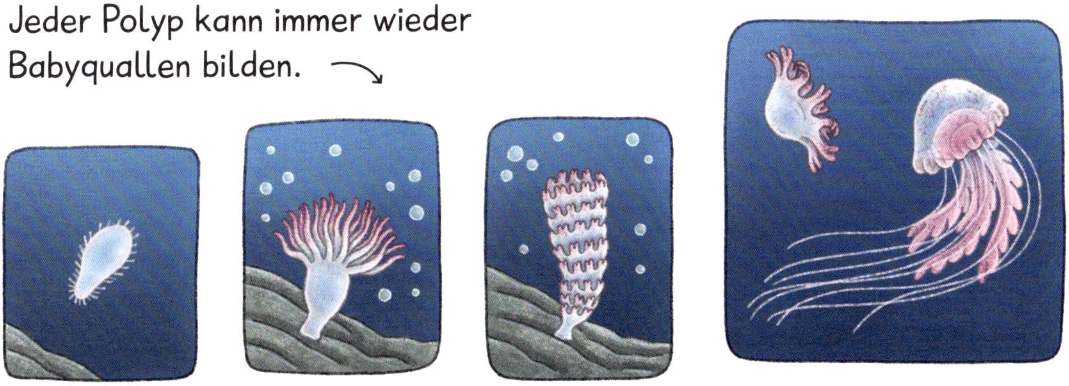

Wer lebt an der Küste?

Die Tiere und Pflanzen an der Küste
leben bei Flut unter Wasser
und bei Ebbe an der Luft.
In den trockenen Zeiten
verstecken sich kleine Krebstiere
unter Steinen oder Seetang.
Muscheln und Würmer ziehen sich
in den Boden zurück.

Dort können sie stundenlang ohne Wasser auskommen. Viele Küstenvögel suchen den Strand während der Ebbe nach Nahrung ab.

Welche Meerestiere sind am größten?

Blauwal

Blauwale können bis zu
33 Meter lang werden.
Sie sind die größten Tiere
der Welt.
Statt Zähnen haben sie
Hornplatten im Maul,
die man Barten nennt.
Damit filtern sie kleine Lebewesen
aus dem Wasser.
Pottwale besitzen dagegen Zähne
und fressen vor allem Tintenfische.
Mit einer Länge von 20 Metern
sind sie die größten Raubtiere der Welt.

Wale atmen eine Fontäne aus, die man Blas nennt.

Mit bis zu sieben Metern Länge
ist der Weiße Hai
einer der größten Räuber der Ozeane.

Wie gefährlich sind Haie?

Haie nehmen elektrische Felder
rund um andere Tiere wahr.
Doch das klappt nur
über kurze Entfernungen.
Von Weitem finden Haie ihre Beute
eher mit dem Geruchssinn.
Manche Haie fressen auch Aas,
also die Überreste toter Tiere.
Zum Glück gehören wir Menschen
nicht zur natürlichen Nahrung
der Haie.

Was ist ein Korallenriff?

Korallenriffe gehören zu den vielfältigsten Lebensräumen im Ozean.
Korallen bestehen aus vielen kleinen Einzeltieren, den Polypen.
Ihre bunten Farben verdanken sie den Algen, die in ihnen wachsen.

In einem Korallenriff leben Tausende von Tierarten.

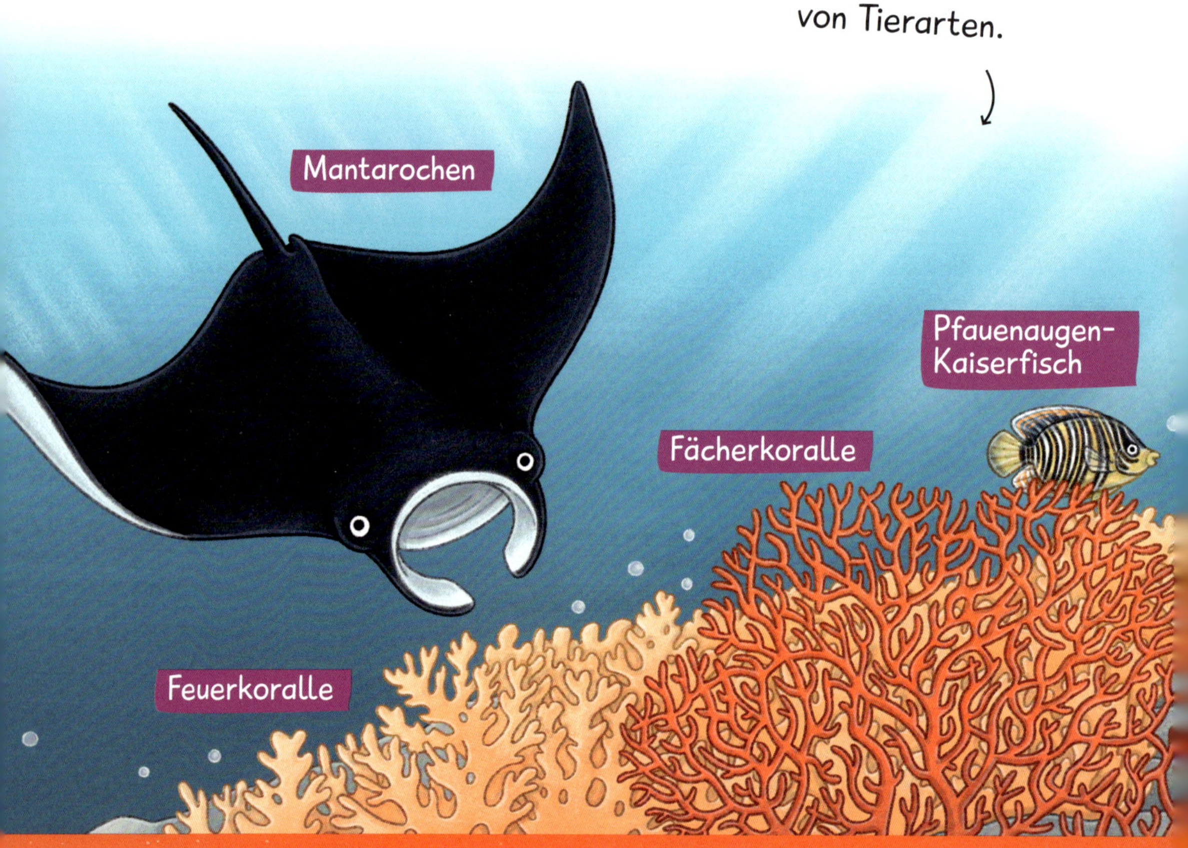

Dabei helfen sich Korallen und Algen gegenseitig: Die Korallen bieten den Algen ein Zuhause. Dafür versorgen die Algen sie mit Nährstoffen. Viele Korallen bilden Skelette aus Kalk. In einem Jahr wächst ihr Skelett nur wenige Millimeter. Und doch entstehen im Lauf der Zeit riesige Korallenriffe.

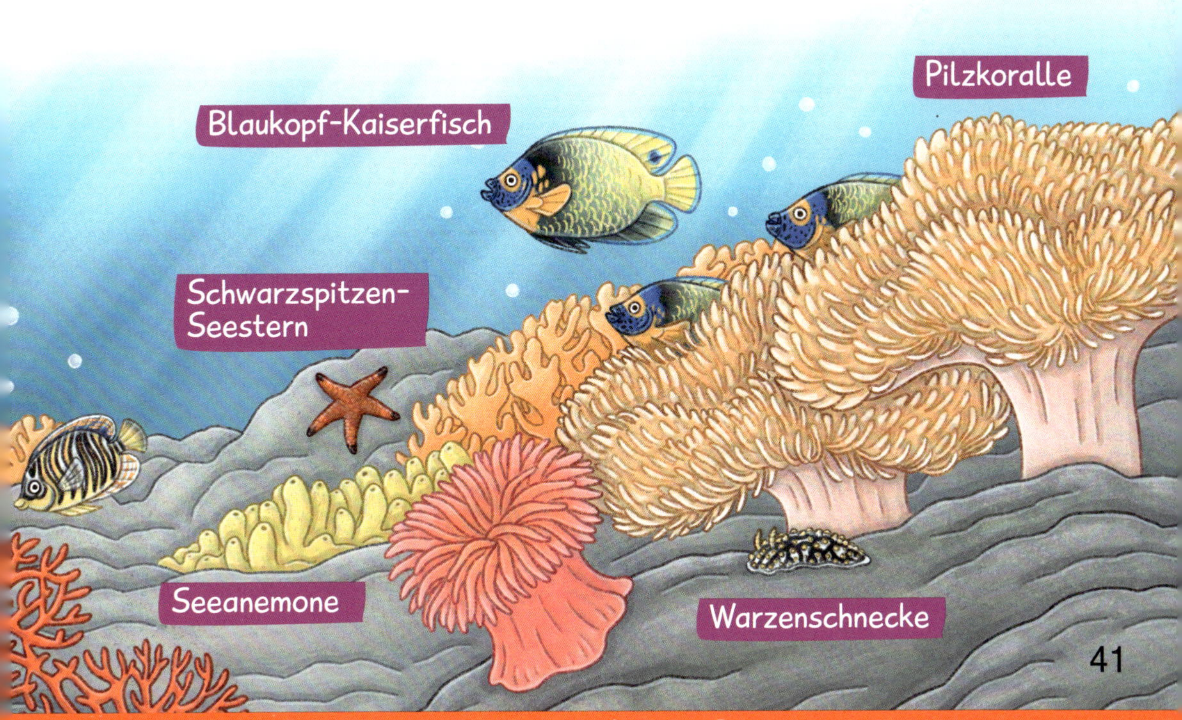

Welche Tiere gibt es am Südpol?

Am Südpol liegt die Antarktis.
Dort ist das Festland immer
von dickem Eis bedeckt.
Auch der Antarktische Ozean
ist zum Teil gefroren.
Hier leben verschiedene
Robben und Pinguine.
Unter dem Eis schwimmen Eisfische.
Besondere Stoffe in ihrem Blut
sorgen dafür,
dass sie nicht einfrieren.

Weddellrobben jagen unter dem Eis nach Fischen.

Pinguine können nicht fliegen, aber hervorragend tauchen.

Krill ist für viele Tiere der kalten Meere die wichtigste Nahrung.

Eisbären leben auf dem Treibeis und jagen Robben, die zum Atmen auftauchen.

Wer lebt in der Arktis?

In der Gegend um den Nordpol
treiben dicke Eisschollen
auf dem Arktischen Ozean.
Säugetiere wie Eisbären
und Robben schützen sich
mit dickem Speck vor der Kälte.
Im Wasser schwimmen
zahllose kleine Krebse,
die man Krill nennt.

Leserätsel

1 Löse das Kreuzworträtsel.

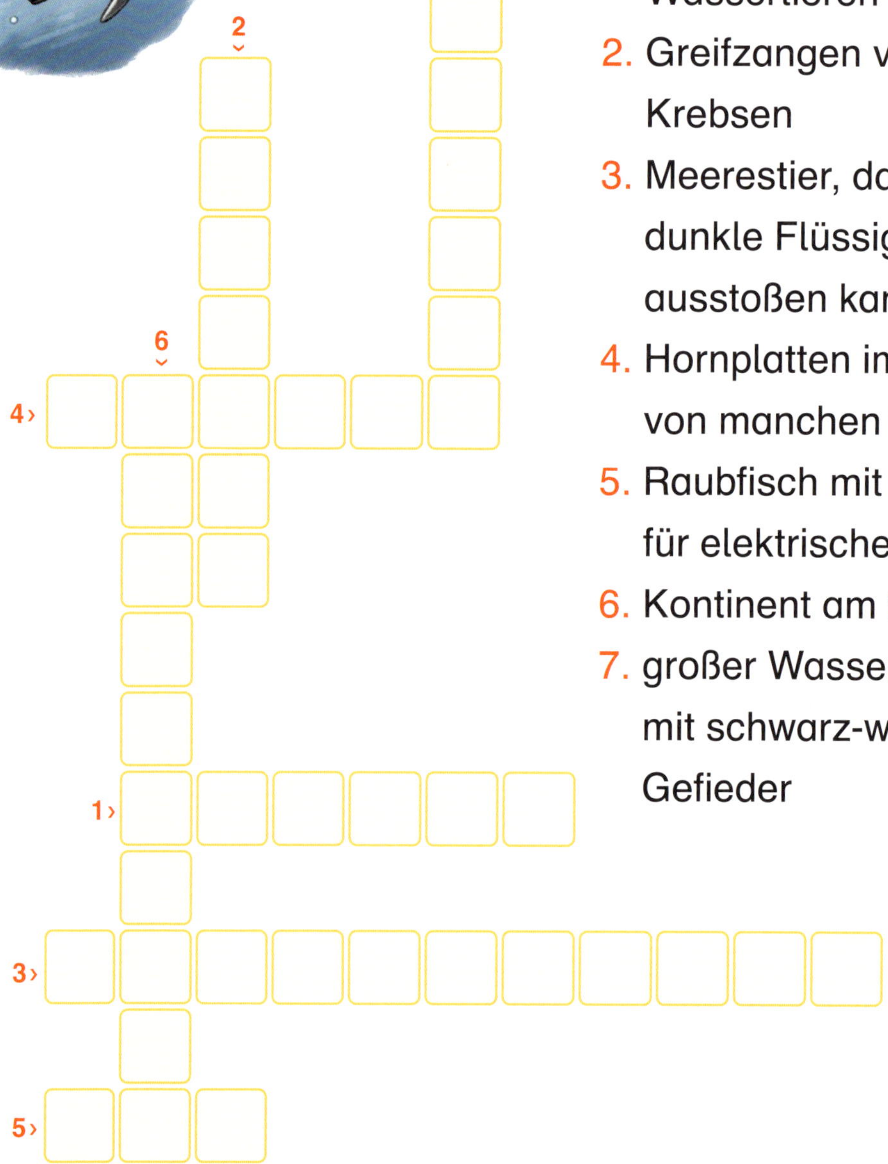

1. Atmungsorgane von Fischen und anderen Wassertieren
2. Greifzangen von Krebsen
3. Meerestier, das eine dunkle Flüssigkeit ausstoßen kann
4. Hornplatten im Maul von manchen Walen
5. Raubfisch mit Gespür für elektrische Felder
6. Kontinent am Südpol
7. großer Wasservogel mit schwarz-weißem Gefieder

2 Was gehört zusammen?
Verbinde die Wörter mit Linien.

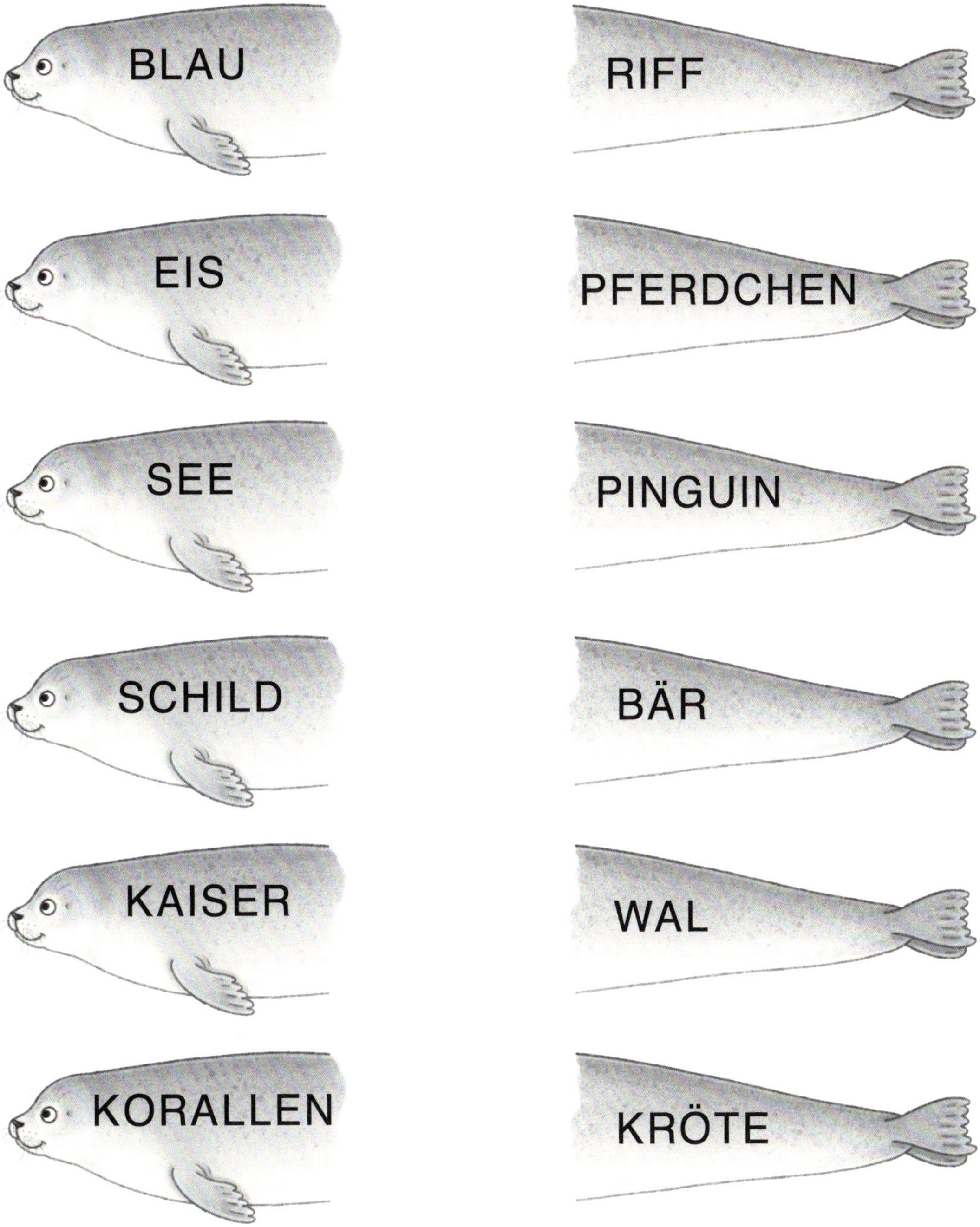

Tiefsee zum Stickern

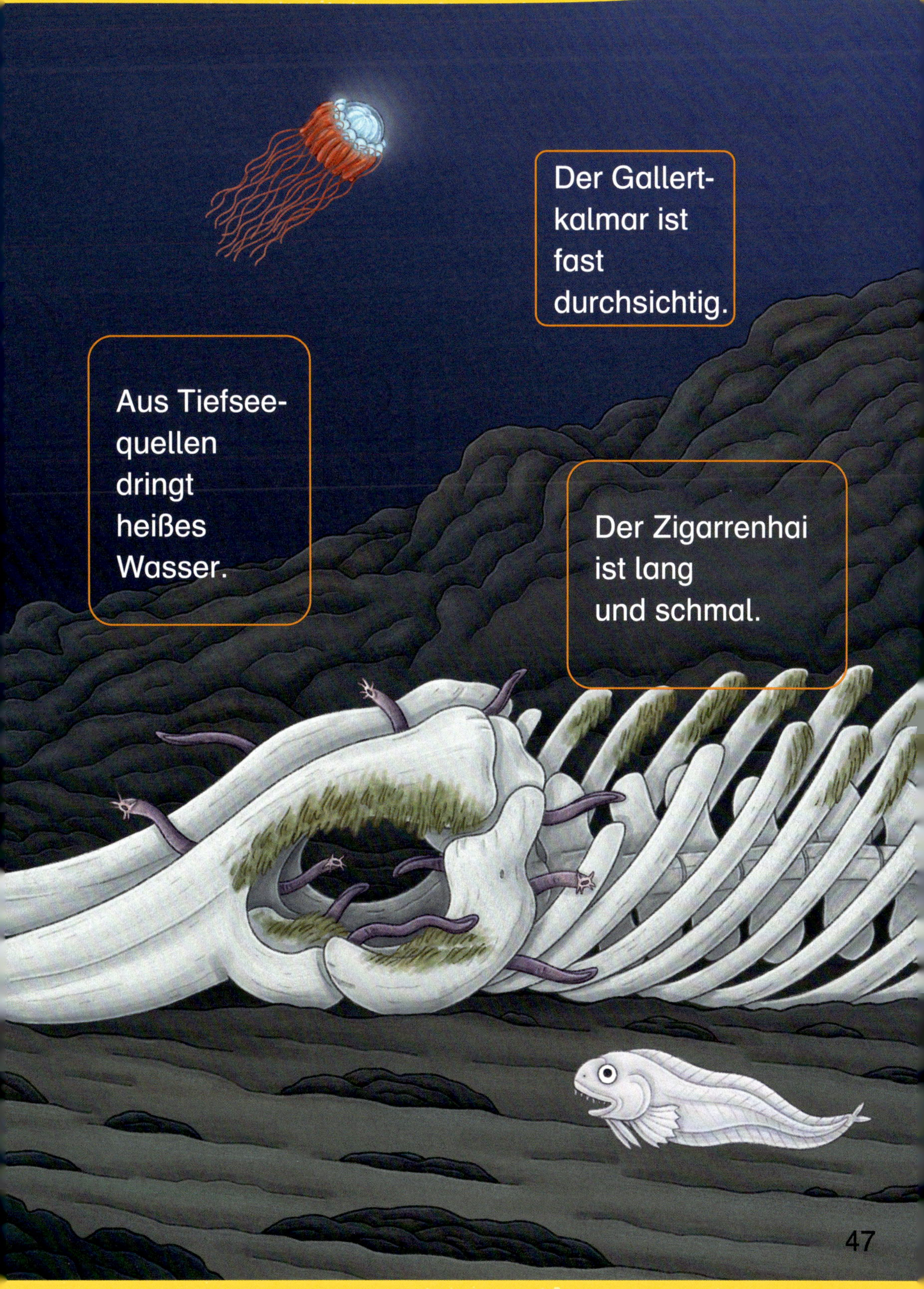

Der Gallert-
kalmar ist
fast
durchsichtig.

Aus Tiefsee-
quellen
dringt
heißes
Wasser.

Der Zigarrenhai
ist lang
und schmal.

Weshalb sind die Ozeane in Gefahr?

Schon seit langer Zeit fangen wir Menschen Meerestiere und essen sie. Dadurch sind viele Fischarten selten geworden.
Auch den Meeresboden nutzen wir für unsere Zwecke, indem wir Stoffe wie Erdöl und Metalle abbauen.
All diese Eingriffe stören das Gleichgewicht der Ozeane.

Bohrinseln können das Meer mit Erdöl oder Erdgas verschmutzen.

Der Fischfang bedroht die Meerestiere.

Was ist der Klimawandel?

Das allgemeine Wetter auf der Erde
nennt man auch Klima.
Wir haben großen Einfluss darauf.
Schadstoffe aus unseren
Fahrzeugen und Kraftwerken
legen sich nämlich
wie eine Hülle um die Erde.
Sie halten die Wärme der Sonne zurück,
sodass es immer wärmer wird.
Das bezeichnet man als Klimawandel.

Treibhausgase halten die Wärme zurück.

Wie beeinflussen die Meere das Klima?

Die Algen in den Meeren nehmen wie die Wälder an Land Gase aus der Luft auf.
So kann die Wärme der Sonne besser entweichen und der Klimawandel wird gebremst.
Auch Strömungen der Meere sind wichtig für das Weltklima:
Sie verteilen kaltes und warmes Wasser auf unserem Planeten.

Algen stellen nützlichen Sauerstoff her.

Trotzdem schmilzt
am Nordpol und Südpol
immer mehr Eis.
Weil die Eisflächen schrumpfen,
strahlen sie weniger Sonnenwärme ab.
Das verstärkt wiederum
die Erwärmung von Luft und Wasser.

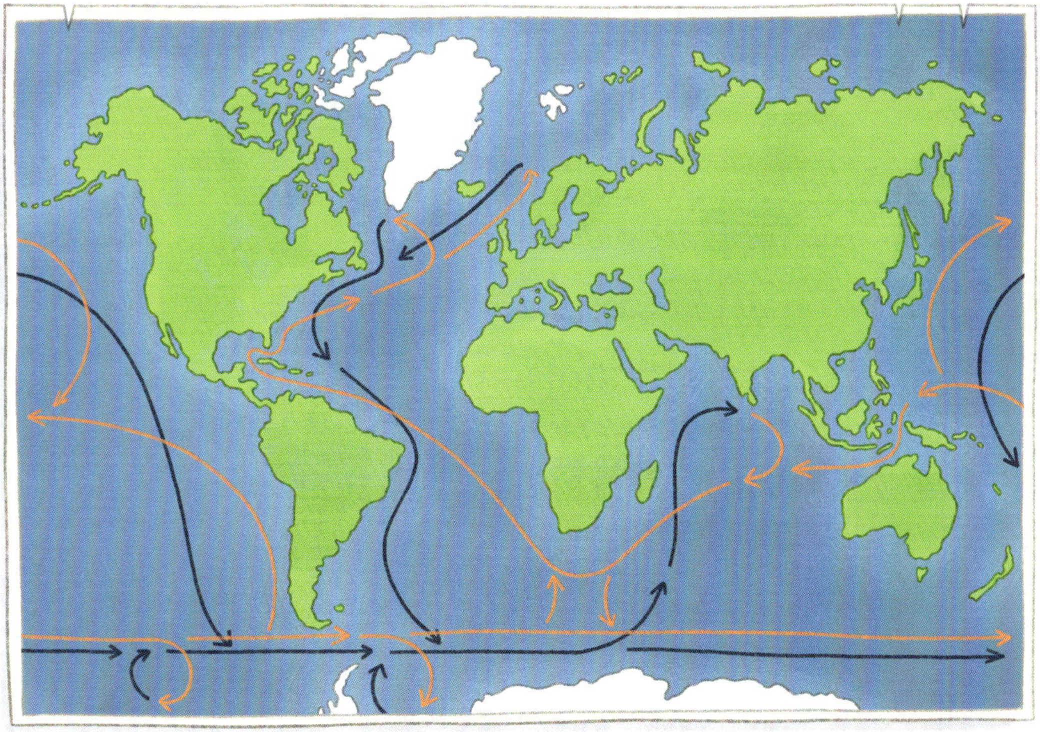

Warmes Wasser
Kaltes Wasser

Kalte und warme Meeresströmungen gleichen die Temperaturen aus.

Warum verlieren Korallen ihre Farben?

Schadstoffe im Wasser und
die Erwärmung der Ozeane
setzen vielen Lebewesen zu.
Korallen stoßen deshalb
die Algen ab,
die sie bunt färben.
Damit fehlt ihnen aber die Nahrung,
die sie bisher von den Algen
erhalten haben.
Ohne diese Nährstoffe
sterben die Korallen.

Die Veränderung ihres Lebensraums lässt ganze Korallenriffe sterben.

Auch Reste von Netzen sind für die Meerestiere gefährlich.

Weshalb schwimmt so viel Plastik im Meer?

In unseren Ozeanen treiben zahllose Tüten, Flaschen und winzige Teilchen aus Plastik. Ein Großteil gelangt über Flüsse ins Meer. Plastikmüll zerfällt allmählich und löst sich erst nach sehr langer Zeit ganz auf. Wenn Tiere davon fressen, können sie krank werden oder sogar sterben.

Müll gehört nicht in die Ozeane!

Wie kannst du die Ozeane schützen?

Du schützt die Ozeane,
indem du weniger Fisch isst.
Am besten wählst du Fischarten,
die in den Meeren
noch häufig vorkommen.
Welche das sind,
erfährst du bei Umweltverbänden.
Auch anerkannte Siegel
auf Verpackungen
weisen darauf hin, welche Fische
schonend gefangen wurden.

Beim Einkauf sollten wir alle auf bedrohte Fischarten verzichten.

Wenn wir die Ozeane schützen, bleiben solche wundervollen Lebensräume erhalten.

In deinem Alltag solltest du außerdem möglichst auf Plastik verzichten und in der Natur keinen Müll hinterlassen.
Du hilfst den Ozeanen auch, wenn du dich seltener mit dem Auto fahren lässt.
So gelangen weniger Schadstoffe in die Luft.
Wenn wir alle so handeln, können wir die wunderbare Vielfalt der Ozeane erhalten.

Leserätsel

1 In der Wasserschlange
stecken fünf Begriffe
rund um den Schutz der Ozeane.
Kreise sie ein und
schreibe sie unten auf!

2 Wie viele Silben haben die Wörter?
Trage die Anzahl ein.

Fisch

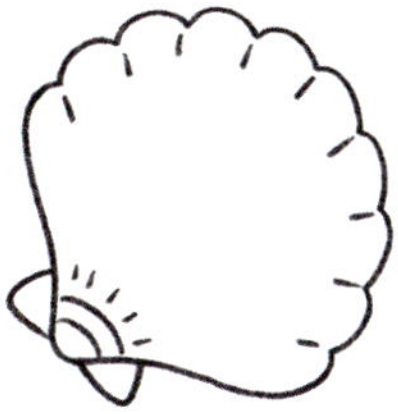

Tierart

Koralle

Klimawandel

3 Wo fehlen diese Buchstaben?
Trage sie an der richtigen Stelle ein.

U	M	W	E	L	T				U	T	Z		
Ü	B	E	R	S	C	H	W	E			U	N	G
W	A			E	R			R	Ö	M	U	N	G
S	O			E	N	W	Ä	R	M	E			

MM NN SS ST SCH

Lesequiz

1 Wie nennt man das Wasser in den Ozeanen?

a) Mineralwasser

b) Salzwasser

c) Süßwasser

2 Was sind die Gezeiten?

a) Ebbe und Flut

b) Sand und Schlamm

c) Wind und Wellen

3 Wodurch entstehen Tsunamis?

a) durch Regen und Stürme

b) durch Erdbeben und Ausbrüche von Vulkanen

c) durch riesige Schwärme von Fischen

4 Wie atmen Wale und Delfine?

a) Sie können unter Wasser atmen.

b) Sie stellen selbst Luft her.

c) Sie tauchen zum Atmen auf.

5 Was sind Korallen?

a) Tiere

b) Pflanzen

c) Steine

6 Wie verändert sich das Klima auf der Erde?

a) Es wird immer kälter.

b) Es wird immer wärmer.

c) Es wird immer dunkler.

Lösungen

Seite 16/17

1

W	K	W	I	K	W	K	U	G
S	T	S	R	P	T	O	L	E
A	G	K	W	S	B	Z	B	Z
L	E	A	B	T	V	E	L	E
Z	R	T	S	U	N	A	M	I
W	X	S	L	R	T	N	L	T
A	I	O	S	M	U	S	K	E
S	P	T	U	F	D	L	P	N
S	E	H	B	L	Y	U	S	F
E	B	B	E	U	E	P	E	P
R	T	N	S	T	B	A	V	M

2

Insel

Strand

Fels

Deich

Welle

Seite 26/27

1 Lösung: LICHTZONE

2

SCHER	FOR	MEE	RES
MEE	RES	SCHER	FOR
RES	SCHER	FOR	MEE
FOR	MEE	RES	SCHER

Lösung: MEERESFORSCHER

SO	RÄT	NAR	GE
GE	NAR	RÄT	SO
RÄT	SO	GE	NAR
NAR	GE	SO	RÄT

Lösung: SONARGERÄT

Seite 44/45

1

						7					
						P					
			2			I					
			S			N					
			C			G					
			H			U					
		6	E			I					
4›	B	A	R	T	E	N					
		N	E								
		T	N								
		A									
		R									
1›		K	I	E	M	E	N				
		T									
3›	T	I	N	T	E	N	F	I	S	C	H
		K									
5›	H	A	I								

2 BLAUWAL
EISBÄR
SEEPFERDCHEN
SCHILDKRÖTE
KAISERPINGUIN
KORALLENRIFF

Seite 46/47

Seite 56/57

1

2 Fisch: 1 Tierart: 2

Koralle: 3 Klimawandel: 4

3

U M W E L T S C H U T Z

Ü B E R S C H W E M M U N G

W A S S E R S T R Ö M U N G

S O N N E N W Ä R M E

Seite 58/59

1 b)

2 a)

3 b)

4 c)

5 a)

6 b)

Klebe an dieser Stelle
einen Briefumschlag ein.
Benutze dazu einen Klebestift
und beachte seine Kennzeichnung.
In dem Umschlag kannst du
die ausgeschnittenen Karten
aufbewahren.
So geht nichts verloren.

Leselotto

Anleitung

Schneide die 24 Karten
mit einer Bastelschere aus
und mische sie.
Lege sie dann
mit der Vorderseite nach oben
vor dich hin.
Welcher Text
beschreibt welches Bild?
Die Rückseiten der richtigen Paare
haben dieselbe Farbe.
So kannst du prüfen,
ob alles stimmt.

Bildnachweis

Abkürzungen:
oben (o.); unten (u.); links (l.); rechts (r.); Mitte (m.)

Cover: Adobe Stock: Alex Stemmers (o.), Sven Bachstroem (u.)

Adobe Stock: Kelly Headrick (5, 12), Chris (9, 11), Massimo Santi (14), kichigin 19 (20), moofushi (24), aerial-drone (33 o. l.), damedias (33 o. r.), David J. Shuler (38 u., 39), michaelpeak (38 o.), Sergey (42), Alexey Seafarer (43 o. l.), eyeidea (48 u. r.), adammachowiak (50), the Ocean Agency (52), Kevin (53)

Picture Alliance: SZ Photo | Manfred Neubauer (23 u. l.), dpa | F. Wenzhöfer (23 m. r.), / imageBROKER | Marschall, H. (25), / imageBROKER | Norbert Probst (32 u. l.), / imageBROKER | Mathieu Foulquié (32 u. r.), / Minden Pictures | Norbert Wu (34), / WILDLIFE | WILDLIFE/M. Carwardine (35), / WILDLIFE | WILDLIFE/J.Freund (48 u. l.), / Daniela Dirscherl/WaterFrame | WaterFrame (55)

Wikimedia Commons: Øystein Paulsen/CC BY-SA 3.0 (43 o. r.)

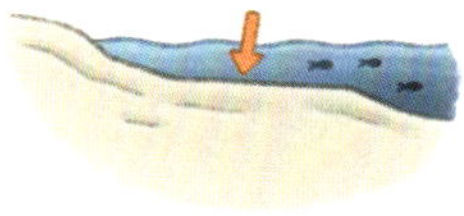

Schelf

Tauchboot

Schiffswrack

Eisbrecher

Blauwal

Eisbär

Delfin

Muschel

Seepferdchen

Qualle

Fetzenfisch

Robbe

Vom Meer bedeckter Rand eines Kontinents	Fahrzeug, das Menschen in die Tiefsee befördert	Reste eines gesunkenen Schiffs
Schiff, das durch Eis fahren kann	Größtes Tier der Welt	Säugetier der Arktis
Meeressäuger, der in Gruppen jagt	Meeresweichtier mit fester Schale	Fisch mit einem Kopf wie ein Pferd
Glibberiges Meerestier mit Nesselfäden	Fisch, den man zwischen Algen kaum erkennt	Meeres-säugetier mit kräftigen Vorderflossen